VENTE

des Mardi 24 et Mercredi 25 Mai 1887

46, RUE DU BAC, 46

DANS

LES SALONS DE SAMUEL BERNARD

TRÈS BELLES BOISERIES

OBJETS D'ART

ET DE

Riche Ameublement

DU XVIIIe SIÈCLE

MAGNIFIQUES TAPISSERIES DES GOBELINS

COMMISSAIRES-PRISEURS

Mᵉ ESCRIBE	Mᵉ LHUILLIER
6, rue de Hanovre, 6.	29, rue Le Peletier, 29.

EXPERT

M. A. BLOCHE, 23, rue Chauchat.

EXPOSITIONS :

PARTICULIÈRES	PUBLIQUE
Les Samedi 21 et Dimanche 22 Mai 1887	Le Lundi 23 Mai 1887

de 1 heure à 5 heures.

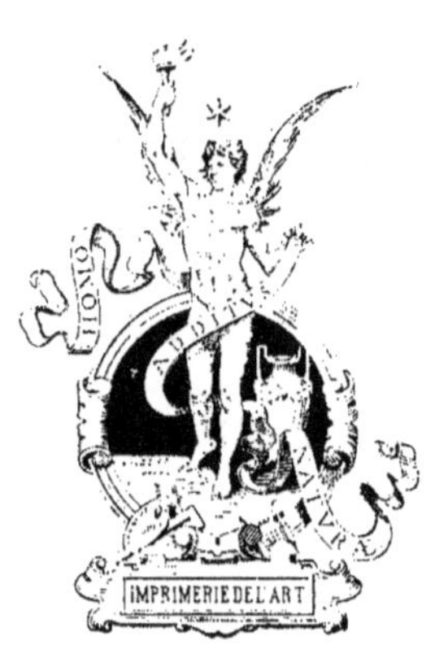
IMPRIMERIE DE L'ART

CATALOGUE

DES

TRÈS BELLES BOISERIES

DES

SALONS DE SAMUEL BERNARD

OBJETS D'ART & DE RICHE AMEUBLEMENT

DU XVIIIe SIÈCLE

Bronzes — Marbres — Porphyres — Granit d'Orient — Argenterie
Porcelaines de Saxe, Chine et Japon — Fontaine monumentale attribuée à GIRARDON

IMPORTANTS MEUBLES DE SALON

Notamment celui du maréchal Maurice de Saxe, en bois sculpté, doré et damas
Autres en tapisseries des Gobelins et de Beauvais
Meubles ornés de bronzes — Sièges de fantaisie

MAGNIFIQUES TAPISSERIES DES GOBELINS

d'Aubusson et de Bruxelles

TABLEAUX ANCIENS

DONT LA VENTE AURA LIEU

EN L'ANCIEN HOTEL DE BOULOGNE

46, RUE DU BAC, 46

Les Mardi 24 et Mercredi 25 Mai 1887, à deux heures

COMMISSAIRES-PRISEURS

Me ESCRIBE
6, rue de Hanovre, 6

Me LHUILLIER
29, rue Le Peletier, 29

EXPERT

M. A. BLOCHE, 23, rue Chauchat

Chez lesquels se distribue le présent Catalogue

EXPOSITIONS

PARTICULIÈRES	PUBLIQUE
Les Samedi 21 et Dimanche 22 Mai 1887	**Le Mardi 23 Mai 1887**

DE 1 HEURE A 5 HEURES

CONDITIONS DE LA VENTE

Elle sera faite *expressément* au comptant.

Les Acquéreurs paieront CINQ POUR CENT en sus des adjudications, applicables aux frais de la vente.

L'Exposition mettant les acquéreurs à même de se rendre compte de l'état et de la nature des objets, il ne sera admis aucune réclamation une fois l'adjudication prononcée.

Paris. — Imp. de l'Art, E. MÉNARD et J. AUGRY, 41, rue de la Victoire.

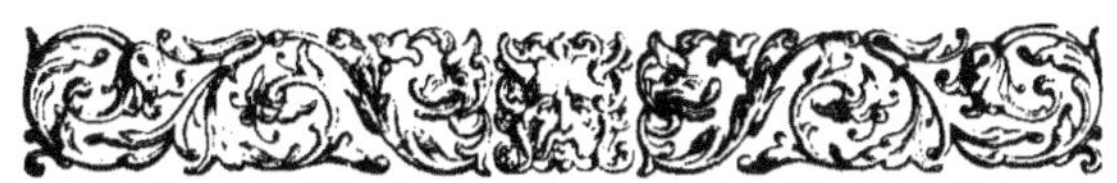

DÉSIGNATION DES OBJETS

BOISERIES

Salle à manger.

1 — Boiserie complète du temps de la Régence, composée de :

1° Six grands panneaux avec encadrements à frontons, forme écussons, surmontés de rocailles, ornés de guirlandes de fleurs et d'ailes d'amours : dans le bas se dessinent des rosaces, des rinceaux et des palmes enroulées ;

2° Deux petits panneaux ornés en haut et en bas de coquilles, deux portes à deux battants de formes cintrées, surmontées de trophées de carquois et encadrées de leurs chambranles ;

3° Deux dessus de portes à trophées et carquois : une niche offrant au fond une grande coquille se détachant en haut-relief et encadrée d'une large moulure en marbre rouge formant cintre dans le haut, avec rocailles et rinceaux se détachant en relief;

4° Cimaise et panneaux de soubassement faisant le tour de la pièce.

Le tout en chêne sculpté rechampi de blanc et rehaussé d'or.

Larg., 6 mètres; long., 9 m. 80 cent.: hauteur, sous corniche, 4 m. 37 cent.

Bibliothèque.

2 — Boiserie complète du temps de la Régence, composée de :

1° Quatre panneaux à doubles encadrements à frontons, avec écussons et fleurs, ornés dans le bas de coquilles et de guirlandes de fleurs;

2° Trois panneaux plus étroits, même ornementation;

3° Deux portes à deux battants avec leurs chambranles;

4° Deux dessus de portes forme écussons, ornés de guirlandes de fleurs et d'enroulements fleuronnés;

5° Cheminée en marbre portor, sculptée à fleurs et rocailles;

6° Trumeau formé d'une grande glace en deux parties avec encadrement à fronton, représentant une tête de femme au milieu d'enroulements fleuronnés;

7° Soubassement à encadrement et cimaise.

Le tout en chêne sculpté rechampi de blanc et rehaussé d'or.

Long., 5 m. 35 cent.; larg., 4 m. 25 cent.; hauteur, sous corniche, 4 m. 50 cent.

Premier Salon faisant suite au Salon des fêtes.

3 — Magnifique boiserie complète du temps de la Régence, en chêne finement sculpté rechampi de blanc et rehaussé d'or; composé de :

1° Cinq grands panneaux à double encadrement superposés et entrecoupés par des écussons à rinceaux fleuronnés au milieu desquels se détachent des gerbes de fleurs ; dans le bas et dans le haut des encadrements se dessinent des rocailles et des enroulements enguirlandés de feuillages; la partie supérieure se termine par de grandes coquilles;

2° Trois panneaux plus étroits avec écussons d'entre-deux forme rocaille, avec ailes d'amours, torches, carquois et faisceaux de traits élégamment groupés;

3° Grande glace de cheminée en deux parties avec trumeau à coquilles, enroulements et guirlandes ; le cadre est cintré dans le haut ; de chaque côté de la glace, les profils sont formés de deux petits panneaux cintrés rappelant les mêmes motifs de décoration que les grands ;

4° Deux glaces, l'une vis-à-vis de la cheminée et l'autre entre les croisées, avec encadrements semblables ;

5° Deux chambranles de portes avec dessus de portes à écussons à rocailles et guirlandes de fleurs ;

6° Soubassement à encadrement et cimaise faisant le tour de la pièce ;

7° Cheminée en marbre brèche d'Alep, grand cintre, à moulures saillantes sculptées dans la masse, avec fronton à coquilles et côtés à consoles ornés de coquilles à volutes ; les profils offrent des encadrements dessinés en relief et en creux pris dans la masse ;

8° Remarquable corniche, offrant aux angles des sujets mythologiques : les Triomphes des dieux, encadrés de rinceaux et de guirlandes de fleurs qui se rattachent à une suite de rocailles courant tout autour de la pièce, et au milieu desquels se dessinent de charmantes compositions allégoriques à la vie des déesses et des amours ;

9° Rosace de milieu du plafond.

Long., 7 m. 40 cent. ; larg., 5 m. 85 cent. ; hauteur, sous corniche, 4 m. 35 cent.

Deuxième Salon.

4 — Magnifique boiserie complète, en chêne très finement sculpté, rechampi de blanc et rehaussé d'or, du temps de la Régence, composée de :

1° Quatre panneaux, encadrement orné de palmes, offrant au centre des médaillons à groupes d'amours encadrés de rinceaux feuillagés de guirlandes et de rocailles ; en haut et en bas se détachent d'élégants ornements ;

2° Quatre panneaux d'angle, forme cintrée, avec médaillons au centre à fleurs et feuillages, et encadrement dans le même goût que les autres ;

3° Trois glaces : l'une sur la cheminée, l'autre vis-à-vis et l'une d'entre-deux de croisées, avec superbes encadrements à frontons couronnés par des paons perchés sur des rocailles : fleuronnés, au milieu, d'ornements et de guirlandes, avec cariatides de femmes s'élevant de chaque côté et se détachant en haut-relief. Les profils de la glace de cheminée, de forme cintrée, rappellent par leur décoration les plus jolis motifs de l'époque ;

4° Deux portes à deux battants ornées de rocailles, avec dessus de portes offrant des groupes d'amours portant des corbeilles fleuries au milieu de rocailles et de guirlandes, et chambranles à mi-jones cannelés, enguirlandés de fleurs et de feuillages encadrant l'ensemble des portes et des dessus de portes. Les serrures sont ornées de rocailles et de chiens en bronze finement ciselé et doré ;

5° Soubassement et cimaise faisant le tour de la pièce ;

6° Belle cheminée en marbre vert campan, ornée de coquilles prises en haut-relief et de moulures saillantes dessinant largement le cintre. Les profils sont ornés de moulures et de ressauts pris dans la masse. Plaque de fonte formant intérieur de la cheminée ;

7° Magnifique corniche, offrant aux angles des médaillons, sujets d'amours encadrés de rocailles, et présentant tout autour une suite de rinceaux enguirlandés de fleurs, au milieu desquels se détachent de gracieuses compositions mythologiques ;

8° Rosace de milieu du plafond.

Long., 8 m. 35 cent.; larg., 5 m. 75 cent.; hauteur, sous corniche, 4 m. 37 cent.

Boudoir.

5 — Charmante boiserie en chêne finement sculpté, rechampi de blanc et rehaussé d'or, époque de la Régence, composée de :

1° Six grands panneaux au milieu desquels se détachent des trophées de carquois, de cornes d'abondance, d'attributs champêtres, retenus par des festons de rubans et des guirlandes de fleurs à une branche de palmier supportant des groupes d'enfants et d'animaux en bas-relief. Ces gracieux motifs sont encadrés de moulures enguirlandées de fleurs et se terminent, en haut et en bas, par des enroulements et des coquilles ;

2° Six panneaux plus étroits, ornés de rocailles fleuronnés et de rosaces ;

3° Glace de cheminée en deux parties, avec cadre à branche de palmier enguirlandée de fleurs, couronnée par un fronton à médaillon : sujet allégorique à la Toilette de Vénus ;

4° Grande glace à double encadrement, avec fronton à écusson, oiseaux et guirlandes ;

5° Dessus de porte de même ornementation ;

6° Soubassement et cimaise ;

7° Corniche offrant aux angles des médaillons et tout autour une suite de scènes enfantines et de rocailles ;

8° Cheminée en marbre rouge campan avec moulures saillantes dessinant le cintre, rinceaux et feuillages pris dans la masse et se détachant en relief.

Long., 4 m. 67 cent. ; larg., 3 m. 22 cent. ; hauteur, sous corniche, 4 m. 52 cent.

MEUBLES

6 — Très important meuble de salon en bois finement sculpté et doré, couvert en ancien damas de soie rouge, composé d'un très grand canapé et six grands fauteuils, époque de la Régence. Le canapé présente au dossier un fronton à coquilles, se détachant au milieu d'enroulements feuillagés pris en haut-relief, et aux extrémités se dessinent des profils de têtes de monstres ailés à la gueule béante. Tout autour ressort une suite de coquilles au milieu de rocailles et de branches de feuillages. Il est supporté par quatorze pieds à consoles enroulées. Les accotoirs à volutes feuillagés offrent le *tournesol*, emblème royal. Les bois des six fauteuils représentent aux dossiers des frontons à grandes coquilles au milieu d'enroulements à rocailles enguirlandés de fleurs et de feuillages. Les pieds et les accotoirs sont semblables à ceux du canapé.

Le canapé et quatre fauteuils, dont la dorure a été restaurée, proviennent de la succession d'une des dames d'honneur de la Reine. Les deux autres fauteuils, dont la dorure est dans son état primitif, ont été retrouvés dana la même famille, à Versailles.

Ce meuble de salon, d'une ordonnance royale, avait été exécuté sur les dessins de Cressent pour le maréchal Maurice de Saxe.

7 — Magnifique meuble de salon, composé d'un canapé et quatre grands fauteuils en ancienne tapisserie des Gobelins, époque de la Régence, représentant sur les sièges et aux dossiers des compositions à animaux, d'après les cartons d'Oudry, encadrés d'ornements et de guirlandes de fleurs, inspirés des dessins de Bérain. Les bois finement sculptés et dorés, exécutés dans le grand style de l'époque, représentent des suites d'enroulements, des coquilles et des guirlandes de fleurs se détachant en haut-relief et d'un travail remarquable.

8 — Bel ameublement de salon, composé de six fauteuils en ancienne tapisserie de Beauvais, représentant des allégories aux fables de La Fontaine, encadrés de rinceaux enguirlandés de fleurs, et un canapé exécuté dans le même style. Les bois de l'époque Louis XV, ornés de sculptures à fleurs et ornements, ont été redorés.

9 — Quatre beaux fauteuils couverts en ancienne tapisserie des Gobelins, représentant des animaux et des volatiles, entourés de guirlandes de fleurs, d'après les cartons d'Oudry. Les bois, finement sculptés et dorés, offrent des dessins à chainettes.

des feuillages et des frontons à couronnes de fleurs et branchages de laurier, exécutés dans le style de Louis XVI.

10 — Charmant ameublement de boudoir, composé d'un petit canapé et de quatre chaises légères, en bois finement sculpté et doré, dessins à chaînettes du temps de Louis XVI, dorure dans le style, recouvert de satin broché, fond groseille, à rayures vertes et blanches, à festons de rubans. (Pourra être divisé.)

11 — Quatre chaises en bois sculpté et doré, dossiers à jour, à dessin rocaille, pieds à contours, ornés de sculptures dans le même goût, époque Louis XV, bois du temps et dorure plus récente, couvertes en velours de Gênes.

12 — Deux chaises de même forme, en chêne sculpté et rehaussé d'or. Époque Louis XV.

13 — Joli petit canapé et deux fauteuils en bois sculpté et doré, dessin à chaînettes, couverts en ancienne tapisserie du temps de Louis XVI, fond blanc à trophées champêtres, suspendus à des nœuds de rubans et encadrés de guirlandes de fleurs.

14 — Canapé et deux fauteuils en bois sculpté et doré, décorés de fleurs, couverts en ancienne

dauphine, fond blanc, broché à fleurs et feuillages, et à guirlandes dessinant des festons. Époque Louis XV.

15 — Belle balustrade en bois sculpté et doré, offrant au milieu de rocailles des écussons aux armes du duc de Richelieu. Époque Louis XV.

16 — Grand et beau bureau à cylindre, en bois d'acajou, très richement orné de bronzes dorés, d'encadrements, de chutes, de poignées. Époque fin Louis XV.

17 — Joli secrétaire en bois de rose, décoré d'oiseaux et de fleurs en marqueterie de bois naturel, sur les côtés comme sur le devant. Il s'ouvre dans le bas à deux portes ; il est orné de poignées, de volutes, de chutes, d'appliques, de sabots et d'entrées de serrures en bronze doré. Dessin à rocailles, dessus en marbre brèche d'Alep, suivant les contours du meuble. Époque Louis XV.

18 — Très joli petit bureau à cylindre, en bois de citronnier et marqueterie, orné dessus, au pourtour et devant les tiroirs, de médaillons en ancienne laque fine à fond blanc craquelé avec personnages et paysages à rehauts d'or et de couleur en relief. Qualité rare. Chaque médaillon est encadré d'une moulure en bronze fine-

ment ciselé et doré; dessus en marbre blanc, avec galerie en bronze découpé à jour.

Signé *G. G. Saunier*. Travail du temps de Louis XVI.

19 — Grande et belle armoire à deux portes, en marqueterie de cuivre sur bois noir, avec panneaux en ancienne laque de Coromandel représentant des grands oiseaux, des fleurs et des branchages. Les charnières, les encadrements des portes, les moulures ornant le bas et la corniche sont en bronze doré.

20 — Grand bureau plat à double face, en bois noir, avec incrustations de filets de cuivre, orné d'appliques à masques de femmes et rinceaux feuillagés, de chutes à masques et volutes, de sabots à grandes feuilles enroulées, d'entrées de serrures et de poignées en bronze doré. Époque Louis XVI. Un mascaron et une chute en bronze sont d'époque plus récente.

21 — Commode de forme cintrée, en marqueterie de bois, dessin paysage et vases de fleurs sur les côtés comme sur la façade, ornée de bronzes dorés; dessus en marbre blanc suivant les contours du meuble. Époque Louis XVI.

22 — Servante à étagère, forme ronde (système Tronchin), en acajou orné de cuivre. Époque Louis XVI.

23 — Secrétaire en marqueterie de bois, offrant sur l'abattant une vue de château avec personnages, rehaussé d'incrustations de burgau ; sur les deux battants du bas, des vases de fleurs, et, sur les côtés, des jardinières, vases et guirlandes : dessus en marbre brocatelle. Époque Louis XVI.

24 — Meuble à hauteur d'appui, en marqueterie de cuivre sur fond de bois noir, exécuté dans le goût de Boule. Le battant central est garni d'un mascaron et d'ornements aux écoinçons, les portes latérales sont garnies de glaces, les montants, en pans coupés, offrent des cariatides de dieu Pan sur gaines à tabliers et feuillages ; les côtés sont ornés de mascarons têtes de bacchantes en bronze doré ; dessus en marbre portor suivant les contours du meuble.

25 — Deux petits meubles d'entre-deux à hauteur d'appui, s'ouvrant à une porte, tout en marqueterie de cuivre sur fond de bois noir et d'écaille, ornés de bronzes dorés. Style Louis XIV.

26 — Canapé en bois naturel sculpté, foncé de canne. Époque Louis XV.

27 — Canapé en bois naturel sculpté, foncé de canne. Époque Louis XV.

28 — Canapé en bois naturel sculpté, foncé de canne. Époque Louis XIV.

29 — Six chaises en bois sculpté, décorées de fleurs en relief, époque Louis XIV, couvertes en velours rouge frappé.

30 — Bureau de dame, de forme bombée, s'ouvrant à dos d'âne, en bois de rose satiné, décoré de gerbes de fleurs et de festons de rubans en marqueterie de bois naturel à l'intérieur comme à l'extérieur, avec entrée de serrure et sabots en bronze doré. Époque Louis XV.

31 — Toilette s'ouvrant à trois compartiments, formant bureau de dame en bois de rose, décorée de trophées de musique, de gerbes de fleurs et de pommes de pin en marqueterie de bois naturel et teinté, avec entrées de serrures et poignées en bronze. Époque Louis XV. Le meuble est à quatre faces.

32 — Petit bureau bonheur-du-jour, en bois de rose, orné de marqueterie à fleurs, avec bordure en cuivre poli; les pieds, gracieusement contournés, se terminent par des sabots en bronze doré. Époque Louis XV.

33 — Table-toilette s'ouvrant dessus, à trois compartiments, en bois de violette. Époque Louis XV.

34 — Petite table avec tiroir formant papeterie sur le côté, en bois de rose et palissandre, ornée

dessus de gerbes de fleurs et de festons de rubans en marqueterie de bois; bordure en bronze poli, chutes et sabots à rocaille en bronze doré. Époque Louis XV.

35 — Petite table-toilette de forme contournée, en bois de rose et palissandre, avec entrée de serrure et sabots en bronze, du temps de Louis XV. Le dessus s'ouvre à charnières et, à l'intérieur, offre un miroir et des ustensiles de toilette en pâte tendre de Villeroi et en verrerie ancienne; sur le devant, deux tiroirs, dont un à compartiment formant papeterie.

36 — Très joli petit bureau de dame, forme bombée, en marqueterie de bois debout sur fond de bois de rose, époque Louis XV. Les entrées de serrures, les montants et les encadrements sont en bronze ciselé et doré de style.

37 — Jolie petite table liseuse en bois de rose satiné, avec compartiment à pupitre dessus et écran au fond, bordure en cuivre poli, appliques et sabots en bronze. Époque Louis XV.

38 — Deux encoignures s'ouvrant à une porte, de forme très bombée, en marqueterie de bois debout et naturel, dessin à fleurs et damiers; dessus en marbre rouge veiné. Époque Louis XV.

39 — Petit bureau de dame du temps de Louis XV, en bois rose et palissandre; intérieur à compartiments formant bonheur-du-jour s'ouvrant à coulisse, orné de bronzes dorés de style.

40 — Deux charmantes petites consoles en bois finement sculpté et doré, offrant un ensemble d'élégants rocailles se détachant en très hauts reliefs, travail du temps de Louis XV, avec dessus en marbre suivant les contours.

41 — Deux glaces d'entre-deux avec cadres à frontons en bois sculpté et doré, dessin à rocailles. Époque Louis XV. (Certains raccords ont été faits.)

42 — Grande et belle console en bois sculpté et doré, époque de la Régence. Sa forme, à grands contours, rappelle les œuvres les plus heureuses d'art décoratif du temps. Sur le devant, au milieu de rocailles, se détachent des trophées guerriers et un médaillon à buste de personnage. Les quatre pieds qui la supportent sont formés de grands ornements entrecoupés de feuillages posant sur des coquilles. Le dessus, en marbre brèche fleuri, suit les contours du meuble et s'enchâsse dans la bordure.

43 — Deux armoires à deux portes en marqueterie de bois satiné, dessin à fleurs et feuillages du

temps de Louis XV, ornées de bronzes de même style.

44 — Écran en ancienne tapisserie de Beauvais, représentant un éventail à plumes de paon sous un lambrequin avec guirlandes de fleurs se dessinant au-dessous. Monture en bois sculpté et doré. Style Louis XIV.

45 — Deux beaux sphinx en bois sculpté et doré du temps de Louis XIV. Pouvant servir de modèle de chenets.

46 — Baromètre en bois sculpté du temps de Louis XVI, décor à draperies, trophées et bouquets de fleurs, dorure de l'époque, a été restaurée.

47 — Fauteuil en bois naturel sculpté, époque Louis XV, couvert en ancien damas rouge.

47 *bis*. — Fauteuil en bois naturel sculpté, époque Louis XIV, couvert en ancien damas rouge.

48 — Petit canapé en bois sculpté, époque Louis XVI, couvert en soierie grise brochée à fleurs, dorure de style.

49 — Petit canapé en bois sculpté Louis XVI, couvert en soierie bleue brochée à fleurs; dorure de style.

50 — Encoignure en marqueterie de bois, ornée de bronzes du temps de Louis XVI ; dessus en marbre brocatelle.

51 — Bureau à hauteur d'appui pour écrire debout, avec tablette d'entrejambes en palissandre orné de bronzes. Époque Louis XV.

52 — Jardinière ovale en bois de citronnier et d'acajou, ornée de filets de cuivre. Style Louis XVI.

53 — Console en bois sculpté et doré, à quatre pieds formés de grands enroulements à rocailles et guirlandes de fleurs, avec entrejambes à sujet de chasse sous un bosquet à rocailles. Dessus en marbre rouge griotte. Époque Louis XV.

54 — Jolie console en bois finement sculpté du temps de Louis XV, modèle à rocaille fleuronné enguirlandé de fleurs, à quatre pieds avec entrejambes à grande coquille. Dorure de style.

55 — Beau meuble à deux corps de forme élégante et cintrée, formant buffet et armoire, décoré de rocailles et d'enroulements formant encadrements et sculptés en bas-relief ; l'intérieur à tablettes avec tiroirs et suivant les contours du meuble. Travail français. Époque de la Régence.

56 — Deux grands fauteuils couverts en tapisserie au point et au petit point à personnages, oiseaux et

grands ramages, époque Louis XIII ; pieds en bois de noyer à croisillons sculptés.

57 — Écran en tapisserie au petit point représentant une scène mythologique à petits personnages : Psyché couronnée de fleurs par les amours, avec encadrement à figures et ornements dans le goût de Bérain ; monture bois sculpté. Époque Louis XIV.

58 — Bureau-cylindre formant commode et armoire, avec panneau garni de glaces en acajou orné de bronzes. Époque Louis XVI.

59 — Armoire normande en bois sculpté avec fronton à oiseaux et guirlandes de fleurs, riche ornementation avec médaillons à trophées et gerbes de fleurs.

60 — Coffret rectangulaire en cuir brun couvert de dessins dorés au petit fer. Entrée de serrure, poignée et agrafe en fer. Époque Louis XIV.

Fontaine monumentale.

61 — Très belle fontaine monumentale en plomb, représentant un important sujet de chasse, composition remarquable attribuée à Girardon.

BRONZES

62 — Paire de grands et beaux candélabres formés de vases en marbre vert antique fleuri, richement montés en bronze ciselé et doré, avec anses à têtes de bélier, frises à guirlandes et perles décorant la panse du vase, surmontés de bouquets de lis à trois lumières. Époque Louis XVI.

63 — Deux belles colonnes en marbre brèche d'Orient, avec embases en marbre rouge sarancolin, montées en bronze doré ; chapiteaux ornés de soleils et de guirlandes de laurier. Style Louis XVI.

64 — Paire de grands et beaux bras d'applique à trois lumières, en bronze doré, modèle à rocailles, enguirlandés de feuilles de chêne. Époque Louis XV.

65 — Pendule en bronze doré, représentant le Vaisseau de la Ville de Paris. Cadran signé : *Anthaume* ; socle en marbre blanc, avec frises et rosaces en bronze doré. Supportée par quatre griffes de lion. Époque Louis XVI.

66 — Paire de candélabres formés de statuettes de femmes drapées en bronze, patine noire, portant

des bouquets à rinceaux feuillagés ornés de chaînettes et à trois lumières. Posant sur fûts en marbre blanc enguirlandés de chêne, retenus par des nœuds de rubans et enveloppés d'un tore de feuilles d'acanthe et de perlés. Époque Louis XVI.

67 — Marbre blanc. Jolie pendule représentant une baigneuse assise sur un rocher, avec chute d'eau sur un côté, attribuée à *Falconnet*. Au milieu est enchâssé le mouvement, avec cadran signé : *Rourière, à Paris*. Le socle est orné de trois charmants bas-reliefs représentant les jeux des amours, en bronze finement ciselé et doré. Époque Louis XVI.

68 — Deux jolies cassolettes en marbre blanc, tout évidées, forme d'urnes ovales, avec culots sculptés, montées en bronze doré : frises à guirlandes de pampres ; anses à têtes de Silènes, avec grandes cornes enroulées, serpentant autour de la gorge : couvercles en bronze doré. Époque Louis XVI.

69 — Deux pommes d'escalier en bronze doré, formées d'accouplements de blasons et de cariatides d'amours. Époque Louis XIV.

70 — Jolie garniture de trois pièces : vase de milieu et deux aiguières en serpentin antique : monture en bronze doré à guirlandes de laurier du temps de Louis XVI.

71 — Deux belles statuettes en bronze, patine rouge, représentant l'Été et l'Automne. Époque Louis XIV. Sur socles en bois noir ornés de bronzes dorés de style.

72 — Paire de chenets en bronze doré, formés de vases à anses têtes de satyres et ornés de guirlandes de laurier posant sur une plinthe à coquilles et palmes de feuillages, supportés par trois cariatides de lions. Époque Louis XVI.

73 — Cartel en bronze doré, modèle à grands rocailles, orné de fleurs avec figures d'amours en haut et sur le côté, se détachant en ronde bosse. Cadran signé *Maugant*. Époque Louis XV.

74 — Lustre à huit lumières, formé d'un vase surmonté d'un bouquet de fleurs avec cul-de-lampe feuillagé, époque Louis XVI, accompagné de huit bras à rinceaux ornés de feuillages prenant naissance dans des têtes de satyres finement ciselées. Suspendu par quatre chaines à un couronnement dans le même goût, inspiré des dessins de Gouthière. Travail de style Louis XVI; dorure moderne.

75 — Paire de bras d'applique à deux lumières, en bronze doré, forme contournée, couverts de feuillages, se terminant par des jetées de fleurs. Époque Louis XV.

76 — Paire de flambeaux en bronze doré, décorés de bustes de personnages et de guirlandes. Époque Louis XIV.

77 — Paire de chenets en bronze doré, modèle à vases sur supports enguirlandés de lauriers. Époque Louis XVI.

78 — Paire de bras d'applique à trois lumières, en bronze doré, modèle à palmes enroulées, rocailles et guirlandes de fleurs. Époque Louis XV.

79 — Belle pendule en marqueterie de Boule, avec fronton cintré couronné par un groupe : Jupiter lançant ses foudres. Sur les côtés se détachent des volutes enroulées ; au-dessous du cadran, un cartouche à écusson, et, sur le devant, une draperie retenue par deux lions : tout en bronze doré. Époque Louis XIV.

80 — Pendule en bronze ciselé et doré, représentant le char de Vénus traîné par les colombes et poussé par l'Amour : sur socle en marbre blanc, orné d'un bas-relief jeux d'amours, de frises à rinceaux, d'un tore de laurier et d'une moulure à feuille d'acanthe en bronze ciselé et doré. Époque Louis XVI. Cadran signé : *Piolaine, à Paris*.

81 — Paire de vases en bronze, décorés de feuilles d'acanthe en bas-relief, avec montures en bronze

doré, anses à rinceaux feuillagés, gorges à moulures perlées et pieds à tores de laurier. Époque Louis XVI.

82 — Belle pendule en marqueterie de Boule, ornée de bronzes dorés, couronnée par une figure allégorique de la Paix, avec cadran indiquant les heures avec les chiffres arabes. Époque Louis XIV.

83 — Paire de grands et beaux bras d'applique à trois lumières, en bronze doré, modèle à branchages feuillagés. Époque Louis XV.

84 — Paire de bras d'applique à deux lumières, forme consoles à nœuds de rubans avec chutes de coquilles. Époque Louis XVI.

85 — Paire de bras d'applique à deux lumières, formés de cariatides d'enfants supportant un vase enguirlandé de laurier; travail de Gouthière. Époque Louis XVI.

86 — Paire de chenets en bronze doré, forme balustrade à jour, surmontés de brûle-encens et de pommes de pin. Époque Louis XVI.

87 — Paire de beaux vases en granit rose oriental, avec riches montures, style rocaille en bronze doré.

88 — Deux grands vases, forme ovoïde, en marbre blanc avec anses à têtes de béliers, en bronze vert. Époque Louis XIV.

89 — Paire de chenets en bronze doré du temps de Louis XIV, représentant des enfants faisant sauter des lions dans des guirlandes de laurier. Posant sur socles à ornements.

90 — Petite pendule d'applique, forme rocaille, en bronze doré, couronnée par une figure d'enfant, avec socle à ornements et dragons à jour. Époque Louis XV.

91 — Deux lévriers couchés, en bronze, patine brune, sur terrassement en bronze jaune : socles en bois noir. Époque Louis XVI.

92 — Statuette d'enfant assis, en bronze, patine verte, socle bois noir. Époque Louis XV.

93 — Vase en bronze doré, forme ovoïde, orné d'anses à figures de satyres attachés avec frises en bas-relief, représentant des jeux d'enfants, couronné par une figurine de petit Bacchus. Époque fin Louis XVI.

94 — Petite pendule en bronze doré, modèle à rocailles fleuronnés, du temps de Louis XV. Cadran signé : *Balthazar*.

95 — Deux petits candélabres formés de figurines en ancienne porcelaine blanche de Chine, montures en bronze doré, à deux lumières.

96 — Grand et beau cartel en bronze doré, modèle à rocailles, enroulements, fleurs et feuillages. Époque Louis XV.

97 — Paire de grands chenets en bronze doré, représentant des enfants assis sur des fûts de colonnes, enguirlandés de laurier avec grands rocailles et brûle-parfums. Époque Louis XV.

98 — Pendule en bronze du temps de Louis XV, représentant l'Enlèvement de la belle Europe. Le taureau, patine brune, les figures, le cartel et le terrassement ont été redorés.

99 — Paire de beaux bras d'applique à deux lumières, en bronze doré, modèle à rinceaux contournés et rocailles. Époque Louis XV.

100 — Petit cartel en bronze doré, modèle à rocailles et enguirlandé de fleurs. Époque Louis XV.

101 — Paire de chenets en bronze doré, représentant des personnages, d'après Le Prince, buvant et couchés sur des terrassements à rocailles. Époque Louis XV.

102 — Guéridon en marbre vert, monté en bronze doré, avec pieds représentant des têtes et des serres d'aigle. Époque Louis XVI.

103 — Paire de flambeaux en bronze doré, à fuseaux cannelés, ornés de guirlandes de laurier et de médaillons suspendus à des nœuds de rubans. Époque Louis XVI.

MARBRES, PORPHYRES

TERRES CUITES

104 — Deux grands et beaux vases en porphyre oriental, tout évidés à l'intérieur, à panses renflées et cintrées, ornés d'anses en bronze doré, forme grands rocailles avec gorge et couronnement du couvercle dans le même goût. Travail de style Louis XV. Œuvre du docteur *Camus*.

105 — Paire de beaux vases avec couvercles, en porphyre oriental, tout évidés à l'intérieur, ornés d'anses prises dans la masse, cul-de-lampe sculpté à godrons comme le couvercle.

106 — Beau buste en terre cuite : Mademoiselle Thévenin, de la Comédie-Française. Travail du temps de Louis XVI.

107 — Deux groupes : Vénus et Jupiter, en terre cuite. Maquette intéressante du temps de Louis XIV.

108 — Quatre figurines en terre cuite : petits enfants, du temps de Louis XVI.

109 — Deux groupes en marbre : allégorie de l'Automne, représentant, l'un Bacchus jeune et un petit faune, l'autre une bacchante marchant et contemplant une grappe de raisin. Travail français du temps de Louis XIV.

110 — Deux bustes en marbre blanc : les Muses, avec trophées allégoriques sur la poitrine. Posant sur gaines en marbre blanc. Travail ancien.

111 — Deux grands et beaux bustes : homme et femme, en marbre blanc, avec draperies en marbre vert de mer et en marbre statuaire rouge antique veiné. Travail ancien.

112 — Deux groupes en marbre blanc représentant Pâris et Junon. Travail français du temps de Louis XIV.

113 — Buste en marbre blanc : grande dame du XVIIIe siècle, représentée la poitrine à demi couverte par une draperie retenue sur l'épaule.

114 — Deux grands et beaux bustes en marbre blanc : portrait de femme et portrait de gentilhomme du temps de Louis XIV, avec draperies en marbre antique polychrome.

115 — Deux colonnes en marbre noir veiné.

116 — Deux colonnes en marbre noir avec embases en marbre rouge.

117 — Deux grandes colonnes en marbre brèche de Sicile.

118 — Grand groupe en marbre blanc : Ganymède enchainée dévorée par le vautour. Travail ancien. Posant sur un grand socle en marbre noir sculpté et cannelé.

119 — Deux gaines en marbre rouge, avec moulures en marbre gris.

120 — Deux bustes en terre cuite : Gentilhomme et Jeune Femme du temps de Louis XVI.

ARGENTERIE

121 — Joli porte-bouquet forme originale à tube tortillé, style persan en argent repoussé et gravé, parties fond émaillé. XVIIe siècle.

122 — Écureuil en argent formant flacon.

123 — Paire de flambeaux en argent, modèle à canaux. Époque Louis XV.

124 — Jolie aiguière en argent avec anse à branchages sur lesquels est couchée une figure de femme buvant.

125 — Encrier en argent repoussé, dessin à côtes tournantes, à trois compartiments, avec une sonnette ornée d'un écusson : sur plateau en bois noir forme coquille. Époque Louis XIV.

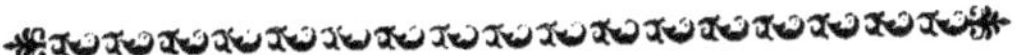

PORCELAINES

126 — Paire de très grands vases en ancienne porcelaine de Chine, décor à arabesques, dragons et lambrequins en bleu sur blanc. Les couvercles ne sont pas de la même forme. Qualité rare.

127 — Beau groupe en ancienne porcelaine de Saxe représentant *l'Hyménée par l'amour*. Composition de quatre figures. Monté en bronze doré. Époque Louis XV.

128 — Beau groupe de quatre figures d'enfants en ancienne porcelaine de Saxe : Allégorie du *Printemps*.

129 — Joli groupe en ancienne porcelaine de Saxe : *Berger gardant son troupeau*, composé d'un personnage et huit animaux.

130 — Grande figurine en vieux Saxe : *Circassien*.

131 — Grande figurine en vieux Saxe : *Renaud*.

132 — Quatre petites figurines : *Amours* en blanc de Berlin.

133 — Poule et ses poussins en ancien blanc de Chine.

134 — Coq, décor polychrome en vieux Chine.

135 — Groupe en ancien biscuit de Sèvres, pâte tendre, représentant *la Toilette de la Reine*. Composition de six personnages, un chien et un chat.

136 — Grand cache-pot en ancienne porcelaine de Sèvres, pâte tendre, décor à roses détachées, bordure à guirlandes de laurier et rehaussée d'or.

137 — Très bel encrier formé par un groupe en ancien blanc de Chine représentant un personnage debout sur une carpe, monté en bronze doré, terrassement à rocailles, et abrité sous un palmier. Époque Louis XV.

138 — Deux potiches en ancienne porcelaine de Chine de la famille verte, avec couvercles décorés d'oiseaux de paradis et d'arabesques de fleurs.

139 — Deux soupières ovales élevées sur quatre pieds à feuillages en ancienne porcelaine à la Reine, avec leurs couvercles, décor à bouquets de fleurs détachés et rehaussés d'or.

140 — Plat rond à bords festonnés et gaufrés, en

ancienne porcelaine de Saxe, décor à bouquets de fleurs détachés.

141 — Six assiettes creuses en ancienne porcelaine de Saxe, bords gaufrés, décor à fleurs. Époque Marcolini.

142 — Deux compotiers en ancienne porcelaine de Saxe, décor à bouquets de fleurs détachés.

143 — Grande soupière ovale avec plateau à anses rocailles et couvercle surmonté d'un citron coupé, décor à fleurs et papillons, dans le goût chinois.

144 — Six assiettes, bordures à jour, en ancienne porcelaine de Saxe, décor à bouquets de fleurs. Époque Marcolini.

145 — Cinq tasses avec soucoupes en ancienne porcelaine de la Courtille, décor à bouquets de fleurs.

146 — Beau lion couché en ancienne porcelaine de Saxe, représenté mugissant.

147 — Paire de grandes et belles potiches avec couvercles en ancienne porcelaine du Japon, décor à cartel de fleurs en bleu, rouge et or.

148 — Paire de vases à pans en porcelaine de Chine.

décors à personnages, avec couvercles en bois sculpté.

149 — Groupe de chatte et ses petits en porcelaine de Saxe.

150 — Jolie garniture de trois vases en ancienne porcelaine à la Reine, décorée de médaillons en grisaille, sujets à petits amours encadrés de guirlandes de fleurs avec bordures à ornements rehaussées d'or.

151 — Bouteille en vieux Chine gros bleu, monture en bronze doré. Époque Louis XVI.

152 — Jardinière en ancienne porcelaine du Japon, décor à fleurs et à personnages en rouge et or.

153 — Plat rond et creux en vieux Chine, décor à fleurs en rouge et or.

154 — Cassolette et plateau en vieux Chine, décor à fleurs, coquilles et guirlandes.

155 — Huit petites figurines en vieux Chine.

156 — Deux petites aiguières en vieux Japon, décor polychrome à rehauts d'or.

157 — Soupière avec couvercle et plateau en ancienne porcelaine de l'Inde, décor à figures et paysages.

158 — Paire de vases, forme à pans, en vieux Chine, décor paysage.

159 — Plat rond en vieux Chine, décor à fleurs et paysage.

160 — Plat rond en vieux Chine, décor arabesques de fleurs en bleu et blanc.

161 — Compotier en vieux Chine, décors par compartiments.

162 — Petite théière en vieux Chine, décor de branchages en relief.

163 — Compotier en vieux Japon, décor polychrome à rehauts d'or.

164 — Plat en vieux Japon, décor armoirie rehaussée d'or.

165 — Deux plats en vieux Chine, décor à personnages.

166 — Trois petites potiches en vieux Japon, décor polychrome à rehauts d'or.

167 — Quatre pièces : plats et assiettes famille rose.

168 — Diverses pièces de service en porcelaines anciennes de Chine, du Japon. (Sera divisé.)

169 — Deux coupes de Sèvres blanches, filet or.

170 — Service en ancienne porcelaine blanche, bordures or.

171 — Coquille, forme navette, en porcelaine à la Reine, bord blanc, rehauts d'or.

172 — Statuette de Vierge en ancienne porcelaine de Venise.

173 — Gargoulette en vieux Chine, décor rouge et or.

174 — Deux sucriers en vieux Chine, décor fond capucin avec médaillons en fleurs; l'autre à semis de fleurs.

175 — Plat rond en vieux Chine famille rose, décor à vase de fleurs et paysage.

176 — Plat en vieux Chine, décor bleu.

FAIENCES

177 — Jardinière ovale et côtelée, en faïence de Rouen, décor à lambrequins et arabesques de fleurs en bleu sur blanc.

178 — Petite aiguière en faïence de Nevers, décor en bleu sur blanc, à personnages dans le goût chinois.

179 — Plat de Delft, décor polychrome à fleurs.

180 — Deux plats en faïence de Perse, décor varié.

181 — Coupe en faïence italienne, forme côtelée, décor polychrome.

182 — Deux potiches côtelées de Delft, décor bleu.

183 — Deux cornets côtelés de Delft, décor bleu.

184 — Potiche avec couvercle, de Delft, décor bleu.

185 — Huilier en terre de Sifflé, décor à rocailles.

186 — Trois plaques en vieux Delft, décors variés à personnages et paysages.

187 — Deux statuettes en faïence de Niederviller : Lavandière et Pêcheur.

188 — Deux statuettes en faïence de Niederviller : Paysan et Paysanne.

TAPISSERIES

189 — Série de cinq magnifiques tapisseries des Gobelins, représentant des scènes allégoriques à l'histoire de Psyché. Importantes compositions de nombreux personnages, avec superbes bordures représentant, dans le haut et dans le bas, des sirènes, des amours, des oiseaux et des animaux symboliques gracieusement groupés au milieu de rinceaux et de guirlandes de fleurs. Sur les côtés, ce sont des amours posant sur des consoles supportées par des aigles et tenant à force de bras des écussons avec dauphins, surmontés de vases ornés de draperies et couronnés par des enroulements et une console enguirlandée de fleurs et de serpents avec figures d'amours sonnant de la trompe :

La première représente le Triomphe de Psyché. Composition de trente-deux figures.

La deuxième représente un Sacrifice dans le temple d'Apollon. Composition de onze figures.

La troisième représente Junon, Cérès et Psyché.

La quatrième représente Psyché et la Diseuse de bonne aventure.

La cinquième représente Psyché poursuivie par les dieux.

Ces tapisseries sont remarquables par leur conservation et par le charme de leur composition. Elles n'ont jamais subi aucune restauration.

190 — Série de quatre belles tapisseries de l'époque Louis XIV. Sujets de chasse d'après Wouwermans et Van der Meulen, avec bordures simulant des encadrements à dessins jaunes et ocre ton sur ton.

La première représente le Départ pour la chasse. Composition de huit personnages, les uns à cheval, les autres à pied, avec chiens courants et chiens couchés groupés devant une maison rustique au bord d'un lac, avec un ravissant paysage en perspective.

La deuxième et la troisième représentent les cavaliers et les piqueurs lancés au galop, suivis et précédés des meutes de chiens forçant un sanglier à travers un paysage accidenté.

La quatrième représente le sanglier vaincu, entouré de chasseurs et cavaliers, et assailli par la meute de chiens.

En très bel état de conservation.

191 — Suite de quatre belles tapisseries d'Aubusson du temps de Louis XV, représentant des vues de parcs et de châteaux, animées d'oiseaux et d'animaux, composition d'après Oudry, avec bordures simulant des encadrements à palmes enroulées.

192 — Deux belles portières, tapisserie dite verdure, avec bordures sur trois côtés, à guirlandes de fleurs.

193 — Deux grandes et belles tapisseries de la Renaissance, représentant des scènes de batailles, composition d'une multitude de personnages avec riches bordures offrant une suite de petits médaillons à sujets mythologiques, des corbeilles de fleurs et des cariatides à petits personnages.

194 — Deux petits panneaux en tapisserie, représentant des scènes à personnages du temps de Louis XIV, avec des costumes de l'époque.

ÉTOFFES

195 — Très belle robe en brocart Pompadour, fond bleu pâle, tissée d'argent, dessin à bosquets et grandes fleurs. Époque Louis XV.

TABLEAUX

DESPORTE

Attribué à

196 — *Chiens et natures mortes dans des paysages.*

Cadres en bois sculpté, ornés de rocailles et rehaussés d'or. Quatre dessus de portes.

ÉCOLE FRANÇAISE

197 — *Portrait de jeune paysanne tenant une corbeille de fleurs.*

FRAGONARD

198 — *L'Amour à la Folie.*

A été gravé.

Toile ovale.

LAGRENÉE

199 — *Les Femmes de Darius venant implorer la clémence d'Alexandre.*

Deux jolis panneaux décoratifs signés et datés 1758. Avec très beaux cadres en bois sculpté et doré à fronton, exécutés dans le style de l'époque.

LARGILLIÈRE

(Attribué à)

200 — *Portrait de jeune dame de la cour, en riche costume de brocart, parée de joyaux.*

Représentée assise dans un parc, tenant un livre fermé à la main.

Cadre en bois sculpté et doré.

POUSSIN

Attribué à NICOLAS

201 — *Moïse sauvé des eaux.*

REMBRANDT

(D'après)

202 — *Portrait de jeune homme.*

RIGAUD

203 — *Portrait d'un maréchal en armure.*

Représenté debout, assistant à un combat en perspective.
Cadre en bois sculpté et doré.

VAN LOO

(LOUIS-MICHEL)

204 — *Portrait de grande dame en Orientale, richement parée de joyaux.*

Représentée assise, accoudée sur un coussin de velours et tenant dans l'autre main une guirlande de fleurs.

Cadre en bois sculpté et doré de style XVIIIe siècle.

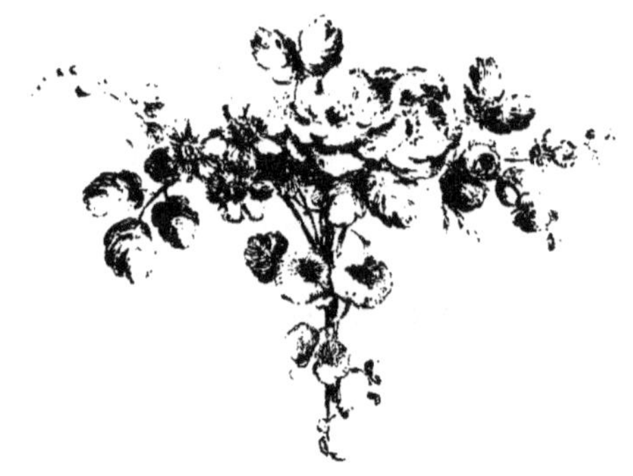

www.ingramcontent.com/pod-product-compliance
Lightning Source LLC
LaVergne TN
LVHW021715230826
846091LV00006BA/2188

* 9 7 8 2 3 2 9 5 2 5 6 9 3 *